SOLOS TÚ Y YO

ExLibric

JUAN DOMINGO CHAPARRO DONATE

SOLOS TÚ Y YO

EXLIBRIC

ANTEQUERA 2026

SOLOS TÚ Y YO
© Juan Domingo Chaparro Donate
Diseño de portada: Dpto. de Diseño Gráfico Exlibric

Iª edición

© ExLibric, 2026.

Editado por: ExLibric
c/ Cueva de Viera, 2, Local 3
Centro Negocios CADI
29200 Antequera (Málaga)
Teléfono: 952 70 60 04
Fax: 952 84 55 03
Correo electrónico: exlibric@exlibric.com
Internet: www.exlibric.com

ISBN: 979-13-88079-69-6
Depósito Legal: MA 115-2026

Impresión: PODiPrint
Impreso en Andalucía – España

Nota de la editorial: ExLibric pertenece a Innovación y Cualificación S. L.

JUAN DOMINGO CHAPARRO DONATE

SOLOS TÚ Y YO

Recuerdos, momentos únicos

Recuerdo aquel día, aquel momento
en que todo surgió con aquel beso,
con efectos colaterales que perduran,
únicos, especiales y tan maravillosos...
Extraordinarios. Y ahora, echando la vista atrás,
resulta aún más decisivo. Inicio una etapa
difícil, tortuosa, pero maravillosa a tu lado,
ocultando un amor, escondiendo y amando
siempre contigo, siempre unidos, a tu lado.

Me sumerjo entre mil y un pensamientos
ocultos en lo más profundo de mi mente,
mirando, tal vez recordando que con suerte
encuentre de nuevo ese instante único,
nunca antes vivido, recordado o soñado,
tan inesperado como esperado. Un momento
oculto que aflora hoy en el silencio deseado.
Saber que hoy vivo y siento como enamorado.

Un instante, un pensamiento ahora fugaz,
nace en mi interior y surge raudo y veloz,
inquieto, deseoso de hacerse ya público
con visos de una verdad hoy deseada. Sigo
ocultando mi ser interior y únicamente sueño,
sin tapujos, decirte que te amo, que te quiero.

MI TESORO

¿Puedes ser más feliz, amiga,
al tener la suerte de celebrar un nacimiento?
¿Un nuevo ser que llega a tu hogar a llenar
lo poco que faltaba por cubrir, una vida
agraciada por vuestro amor y el de sus hermanos?

Lo dicho, una suerte la de tu hijita
amorosa, renegona, pero llena de amor
por todos los lados y viviendo la felicidad
en el rostro de su padre y de su madre,
que te quieren, Paula, con todo su corazón.
Un día llegará en que sepas que te quisieron
en cuerpo y alma, y darás gracias a Dios.

Dios te quiere, hijita, y eres el mejor regalo
entregado a tus padres, junto a tus hermanos.
Todavía eres pequeña, y eso es maravilloso.
Un día y otro creces a los ojos de tus padres.
Sueña, pequeña, sueña con el cielo, con el hermoso
otoño, la bella primavera, el caluroso verano,
justo en tu cumpleaños, o el frío invierno,
ocaso de la luz del sol, pero lindo en el cielo.

Sueña, pequeña, sueña, que tu madre Elena
te cuidará cada día con el corazón,
con todo, todo, todo su amor.

TUS OJOS

Desde que te vi por vez primera
supe que eras la persona elegida
para vivir junto a mí de por vida.

Esos ojos únicos, entrañables, lindos
y maravillosos que brillaban extasiados
al ver a cada uno de tus niños…

Desde aquel día en que te robé un beso
supe que viviría una experiencia única,
íntima, personal, junto a ti en todo momento.

Gracias te doy por tu mirada, por tus ojos
marrones lindos, oscuros, maravillosos,
que me miran con ternura, con dulzura.

Gracias por mirar siempre con amor
a nuestros hijos, a nuestros amigos,
a nuestros niños y niñas. ¡Qué lindo!

Desde que vivo a tu lado sueño con ver
esos ojos que me dan cariño, que me dan
amor, que me dicen que me quieren siempre.

Gracias, amor, por cada mirada furtiva,
por cada mirada amorosa y llena de amor,
por cada guiño lleno de alegría…

Gracias, en definitiva, por estar siempre
ahí, mirando con amor las situaciones,
los momentos vividos con nuestra gente.

Gracias, amor, por ser mi esposa amada,
por darme tu corazón, tu cariño inmenso,
tu amor y, sobre todo, por cada beso.

TUS LABIOS

Te robé un beso un mes de octubre, ¡qué día!,
y todo cambió a partir de entonces en mi vida,
porque tú ya formabas parte de ella.

Supe que eras la elegida por Dios
para vivir esa nueva experiencia de amor
juntos, como un matrimonio… lindo.

Supe que tus besos eran regalos
de los ángeles hacia mí porque sentía
que me dabas toda tu alegría.

Descubrí que esos labios me querían,
que eran para mí y me los dabas tú,
mi dulce dama, mi dulce reina.

Y me quedé con cada uno de esos regalos
en forma de beso, en forma de abrazo,
en forma de un te quiero enamorado.

Hoy te digo que eres mi ángel, mi amor,
mi dama, mi tesoro más querido,
porque te quiero y te doy un beso.

TUS MANOS

Tocar y acariciar esas manos que se dan
con cariño a nuestros hijos es amar
sin esperar que te devuelvan nada.

Quererte y acariciar esos lindos dedos
es como volver a decirte que te quiero,
porque te amo y eres mi mayor tesoro.

Coger tus manos me hace sentir amado,
acariciarlas es como vivir una experiencia
nueva, llena de vida, llena de alegría

al sentirte cerca, al saber que nos amamos,
al orar, mi amor, cogidos de la mano.

TÚ

Hoy me siento inspirado para escribir
y decir en estas palabras lo que a veces
soy incapaz de confesar: vivir
a tu lado es saber que vivo para siempre

unido a ti, sabiéndome querido, viviendo
cada minuto como si fuera el último
en que estemos juntos, porque un suspiro,
un beso, un te quiero me llenan en un momento.

Y tú, amor, estás ahí, estás siempre conmigo,
y yo, mi dulce dama, quiero estar contigo,
porque eres mi reina, eres mi dulce regalo
de ese Dios que nos unió… enamorados.

Tú eres la reina de mi corazón amado
y te doy un pequeño e insignificante regalo:
estas palabras llenas de amor entregado
a una dama, una reina, de la que vivo enamorado.

Tú, madre abnegada y esposa amada,
te digo que te quiero con toda el alma
y vivo sin vivir que espero volver a verte
para sentir de nuevo que deseo quererte.

Gracias, mi amor, por ser tú la que me amas,
por estar siempre cuidándome, amándome,
y deseo darte un abrazo y un dulce beso,
y recordarte que yo, amor, yo te quiero.

Tiempo

Cada día que pasa siento que el amor interior
por ti se acrecienta, y por momentos
necesito tenerte cerca, tenerte entre mis brazos,
abrazándote, queriéndote, dándote mi corazón
henchido de vida, pletórico de amor.

Cada día que me levanto a tu lado
es un despertar a la vida, a la alegría
de tenerte cerca, de saberme querido, amado.
Es descubrir en mi interior que al querernos
hemos aprendido a gozar los momentos

en que nos encontramos, en que nos abrazamos,
en que nos besamos. Por eso el tiempo pasa
sin prisa, sintiendo cada segundo el amor
que me das, viviendo cada beso, cada caricia
como la primera, porque mi ser, mi alma

vive enamorada buscando en los sueños el tiempo
vivido, y pensando en aquel que no vivimos,
porque el pasado y el presente se hacen futuro,
porque tú, mi vida, eres ese futuro, eres el encuentro,
eres, en definitiva, aquello que más quiero.

Cada día que pasa descubro los motivos
que me hacen sentirme querido, sentirme amado
por esa persona especial, única y maravillosa
que eres tú, mi reina, mi diosa, mi regalo
cada mañana, al ver tus ojos, al sentir tus labios.

Cada día es un nuevo amanecer junto a ti,
y ese regalo es lo más lindo que nunca pasará
en mi vida, porque tu presencia inunda mi alma
al saber que me quieres, al saber que me amas,
y por eso nunca llegará esto a su fin.

Gracias, mi vida, por darme la dicha de amar
como te amo, de sentir en mi corazón
el amor como lo siento, con la dicha
de saber que te sueño, que te deseo todo el tiempo
y por eso te digo con cariño que te quiero.

MAÑANA

En esta mañana llena de luz, llena de vida,
deseo escribirte de nuevo un poema
que refleje aquello que siento cada día
al verte a mi lado, mi linda princesa.

En este día soleado y lleno de azul
deseo encontrar las palabras que inunden
en un verso cada sílaba, cada letra, que dure
hasta la eternidad, que sea siempre tuyo.

En esta mañana que se despertó con un beso
quiero decirte, mi dama, que solo sueño
con abrazarte, con tenerte entre mis brazos
sabiéndome querido, sabiéndome amado.

En esta mañana la despedida ha sido linda
como tu mirada, tus labios, tus palabras…,
y solo deseo volver a verte, mi querida
dama, para abrazarte, para darte mi alma.

En este día azul, fresco, lleno de intensa
vida, recuerdo con pasión tus abrazos,
tus manos unidas a las mías con fuerza,
y oigo latir mi corazón tan enamorado…

En esta mañana solo deseo estar a tu lado
para darte un abrazo eterno entre los dos,
porque te quiero, porque te amo,
porque solo vivo para darte mi amor.

Solo tú

Hoy quiero escribir un nuevo poema,
un poema escrito para ti, mi musa, mi bella
dama peruana, mi princesa incaica…

Hoy deseo expresar con mil palabras
sentimientos encontrados, la palabra exacta
que cuente lo que siento, lo que anhelo,

confesar en este poema, en estos versos
que son un canto al amor, al desespero
al no ser capaz de querer, como algo eterno.

Hoy se me hace difícil expresar sin lágrimas
que me cuesta darme a ti por entero,
que el dolor que siento es dolor sincero.

Una semana tras otra trato de mejorar
y lo único que consigo es empeorar
nuestra relación, nuestro amor eterno.

Y ese dolor se convierte en fastidio cuando
el daño te lo hago yo, y tú lloras en silencio,
amargada, dolida, y ese es mi castigo.

Hoy escribo este poema desde el corazón,
sin rabia, sin rencor, pero con mucho pesar
ante palabras, gestos, actitudes que castigan

mi ser, mi persona. Porque no soy insensible,
soy cariñoso, amante, servicial, y siento
que no te estoy dando lo que quieres.

Hoy me siento dolido conmigo mismo,
y me duele que tú no estés bien a mi lado,
que nos sintamos, en el fondo, distanciados.

Y buscaré con ahínco la manera de tratarte
de saber vivir contigo a mi lado,
sabiéndonos queridos, sintiéndonos amados…

Tú eres la fuente de mi amor; de ti emanan
cada día mis ganas de vivir, de amar…
Y tú eres esa musa que me hace querer

seguir amándote, seguir estando a tu lado,
para ser feliz, para sentirme amado,
porque sé que de ti estoy enamorado.

Un grito en el desierto

Llamados a ser sociedad civilizada, vivimos inmersos
en un mundo que fomenta el caos, la violencia
más allá de todo lo que debería ser solo sueños.

Un mundo plagado de incomprensión, de soledad,
de búsqueda de una verdad que se hace interrogante,
que no supera aquello llamado respuesta,
que es la ignorancia…

Buscamos ser protagonistas de una vida que se marcha,
que nos muestra en pocos segundos que no vale nada,
porque la soledad, el narcisismo nos hace no vivirla.

Llamados a tenerlo todo, a alcanzar la felicidad,
¿qué es eso?
La llamada a una vida sin problemas, sin momentos
en los que nuestro ser nos haga sentirnos solos.

Hoy vivimos en un mundo que no escucha,
que no teme al futuro, o sí.
Un futuro que no nos está dando suerte,
un futuro en el que el hombre deja de ser hombre.

El hombre, la soledad, vivir sin querer, sin amor...
¿eso es vivir? No lo sé. En medio de este sinsabor
hay un grito en el desierto que llama a darse totalmente

al otro, a aquel que nos necesita, a aquel que siente
la soledad, que no encuentra en esta sociedad
aquello que llene su corazón, que llene su mente.

Llamados a ser amor al prójimo, me pregunto cada día
dónde acabaremos si no cambiamos la vida.
Seremos como oasis en el mayor de los desiertos,

ese desierto llamado yo, llamado tú, llamado mundo,
un mundo lleno de odio, de rencor, el mío y el tuyo,
el mundo que conozco, en el que vivo, el que amo...

Y encontraré el modo de volver a ser yo contigo
y tú conmigo. Y ese grito en el desierto será la llamada
al amor, a la entrega, a ese ser llamado mañana.

Una mirada, un pensamiento, un beso

En el atardecer de aquel día descubrí tu mirada,
intensa, especial, única… Era de mujer amada,
de dama enamorada, y me turbó seguir viendo
en ti a la mujer amada, a la mujer deseada.

En aquel atardecer que se diluía en el horizonte
supe ver cómo descansabas en mi regazo,
mientras tus ojos cerrados me susurraban
en silencio un te quiero, un dulce te amo.

De pronto empezó a llover y descubrí lágrimas
de amor en tus mejillas, y entendí, supe entonces,
que eras mi elegida, mi dama, mi reina amada,
la mujer con la que despierto cada mañana.

Y entonces apareció, a lo lejos, el arco iris, sublime,
espectacular, brillante, intenso, como el amor
que te profeso, irrepetible, único, especial y vivo.
Porque tú mereces eso, mereces ser mi princesa incaica.

En el atardecer de aquel día surgieron mil preguntas,
muchas sin respuesta, pero todas cargadas de amor.
Y supe que no había vivido un sueño, que estabas
sentada a mi lado y no dejaba de mirar tus ojos.

Y un beso se escapó de mis labios hacia los tuyos,
sintiéndome, al rozarlos, hombre afortunado, amado,
recordando entonces que eres bella, mi dama,
y mi pensamiento siempre vuela pensando en ti.

Y hoy, al verte, volveré a desear besar tus labios,
cruzar contigo una mirada, un abrazo, un pensamiento
de hombre querido, de hombre enamorado
que vive por ti, para ti, siempre contigo, a tu lado.

Gracias, amor, por esa mirada enamorada
que derrite mi corazón al levantarme cada mañana,
al saberme querido, al sentirme amado
y descubriendo cada día que estoy enamorado.

En el atardecer de aquel día vi tu mirada
perdida en el horizonte, fija en un punto lejano
que me llevó a buscar tus ojos, tus dulces labios,
que decían en silencio «te amo».

JACA

Despunta el sol por el horizonte y se atisban
en la lejanía las cumbres aún nevadas,
y mis ojos despiertan a un amanecer largo,
bello, cargado de sonidos, de miradas
enamoradas entre tú y yo, mi dulce dama.

El sol gana terreno a la noche y despierto
de mis sueños, de mis temores, de recuerdos
que han ido apareciendo cuales fantasmas
de un pasado lejano, perdido entre nieblas
ensoñaciones, pensamientos olvidados…

Y, de pronto, tu mirada se hace luz y resplandece,
como la nieve en la lejanía, y se hace belleza
en estos lares, en estos Pirineos ancestrales,
y un beso cruza el espacio y renueva la mañana,
este alba que nos acerca un poco más al amor.

Despunta el sol en una mañana soleada, cargada
de nuevas experiencias, de largos paseos,
de emociones encontradas, de sueños vividos
que nos permiten hoy recordar con alegría
que nuestras hijas disfrutaron las jornadas

en esta ciudad, Jaca, en la que los recuerdos,
las nuevas vivencias y mil pensamientos
se entremezclan hoy en mi cabeza, en mi mente,
para hacerse verdad, para vivir hoy de nuevo
una historia con amistad, con alegría y con amor.

Y la jornada llega poco a poco a su final esperado,
mas no deseado, porque cada momento
vivido se hace hoy nuevo recuerdo en el corazón,
en la mente, en el pensamiento de un enamorado
que espera un nuevo momento para amar,

para disfrutar de la compañía de mis amigos,
de mi amada, de esa dama, de esa princesa
inca que hoy vuelve a brillar entre las cimas
nevadas, entre las montañas blancas
que nos despiden poco a poco, sin prisas.

Y hoy despierto, de nuevo, entre las sábanas,
recordando momentos, recordando, en silencio,
experiencias vividas al lado de mis amigos,
con nuestras hijas, con mi esposa amada,
y una sonrisa se hace vida, se hace alegría.

Despunta el alba en esta mañana soleada
y mi pensamiento está en escribir un poema
recordando Jaca en torno a nuestras hijas,
encuentro de familias, de amigos, de alegría,
encuentro, vivencias, aventuras junto a mi dama.

VELERO

El silencio, la calma sutil, única, rota con el susurro
de un mar que me acompaña, que mece levemente
el caminar del barco, de una vida que se tuerce,
de un silencio que se rompe entre las olas…

Este velero me llama, me grita con calma
para que busque, entre las olas,
el viento que las mece,
ese que mueve
poco
a
poco
un velero
que se hace barco,
que rompe hoy este mar
llamado hogar, Mediterráneo,
que grita con fuerza rompiendo las olas.

Y el mar se hace calma, se hace silencio
cuando miro por la borda y siento cómo me mece,
cómo me adormece,
cómo me sume en un sueño indolente
que me dice en silencio:
«Duerme, amigo mío, duerme».

Y el barco
aparece
en el
horizonte
y me empuja a la orilla,
a la línea divisoria de un horizonte
que surge,
que brilla
y me relaja,
me sumerge en un descanso
que se hace eterno, sublime, único, maravilloso,
un descanso en el que solo estoy yo
y en el que busco y solo hallo en mi interior
tu presencia, tu compañía, te hallo a ti, mi amor.

SUEÑOS

Me despierto cada mañana mirando a mi costado
a la mujer más bella que hubiera conocido.
Me ilusiono como un niño recién enamorado,
sabiendo que, al acercarme, me da cariño.

Hemos dado un paso decisivo al casarnos
y otro más lejano al tener a nuestro hijito.
Pero son las cosas que hacen los enamorados
para demostrarse amor, para dar cariño.

Sueño cada día con el momento del encuentro,
pues la separación por momentos es un fastidio.
Y me alegra esperarte, darte un dulce beso
y abrazarte por la cintura con todo mi cariño.

Ya son más de cinco los años compartidos,
las risas, las penas, la compañía de tu familia,
pero, por encima de todo, la inmensa alegría
de saber que tú me amas y me das tu cariño.

Me despierto cada mañana sabiéndome querido,
sintiéndome amado, arropado con tu ternura,
disfrutando cada segundo de esa dulzura
que tú, mi vida, mi amor, me das con cariño.

Hoy vuelvo a decirte con susurros y con besos
que te quiero, que sueño con nuestro idilio
que durará toda la eternidad, pero un momento
será suficiente para darte mi cariño.

LO MÁS SENCILLO

No resulta sencillo encontrar palabras
que describan mis sentimientos íntimos.
Son desvelos que habitan mi alma,
son sueños reprimidos en mi interior.

La lucha es fratricida, y cada día
surgen nuevas oportunidades de tener
la fuerza para exteriorizar con alegría
ese ser íntimo, ese querer tan fuerte...

No resulta sencillo hablar con otros
de aquello que te reprime, que camina
oculto en lo más oscuro, en un foso sin fondo
llamado intimidad, llamado hoy vida.

Y cada día tengo, en silencio, la oportunidad
de gritar, de llorar, de decir de verdad
aquello que me oprime con dureza el corazón,
aquello que no me da hoy ninguna opción

a expresar con besos, con mil y un abrazos,
que me siento querido, que estoy de nuevo amando,
porque un corazón que late enamorado expresa
con fuerza aquello que conocemos como belleza,

el amor, la sensación de estar hoy amando,
la sensación de sentirse a la vez hoy querido
por la mujer que amas, por la que estás enamorado
y sin la que uno se siente hoy, si cabe, más perdido.

Índice